CORRESPONDANCE

PHILOSOPHIQUE.

CORRESPONDANCE

PHILOSOPHIQUE,

PAR H. AZAÏS.

<hr>

QUATRIÈME LETTRE.

<hr>

A MONSIEUR

BENJAMIN-CONSTANT.

A PARIS,

CHEZ
- Alexis Eymery, Libraire, rue Mazarine, n° 50;
- Béchet, Libraire, quai des Augustins, n° 57;
- Delaunay et l'Advocat, au Palais-Royal.

DE L'IMPRIMERIE DE DENUGON.

1818.

PRIX, 1 fr. les quatre lettres réunies, PRIX, 4 fr.

A MONSIEUR

BENJAMIN-CONSTANT.

MONSIEUR,

Vous m'avez fait l'honneur de m'appeler dans la lice politique; c'est, pour moi, un beau suffrage : j'espère vous montrer que j'en sens tout le prix.

Lorsque j'ai attaqué le parti dont M. de Châteaubriand est le brillant organe, j'ai toujours été contraint d'aller chercher mon adversaire hors de l'enceinte des idées philosophiques.

En luttant avec vous, Monsieur, j'ai un immense avantage ; ce n'est jamais que sur le terrain de la liberté que l'on peut vous livrer combat ; c'est là seulement que l'on vous trouve ; et le domaine de la liberté, chez un peuple éclairé, est le même que celui de la Philosophie.

Mais, Monsieur, sur ce terrain même de la liberté, il faut des constructions sociales ; car la liberté de l'homme civilisé ne saurait ressembler à l'indépendance de l'homme sauvage : celui-ci sent à peine le besoin d'une propriété, moins encore le besoin d'un asile ; pour lui la nature n'a ni charmes ni rigueurs.

Au contraire, l'homme civilisé est très-sensible : de la part de ses semblables, et de la part de la nature, tout est pour lui source de peine ou de plaisir ; et ses semblables sont autour de lui si multipliés ! et chacun est si ardent à rechercher le plaisir, à éviter la peine !

Que faut-il conclure de là? C'est qu'une Puissance d'ordre et de sagesse est d'autant plus nécessaire aux sociétés humaines, que leur civilisation est plus avancée, que les hommes qui les composent sont plus éclairés, plus multipliés, plus sensibles, et, pour toutes ces raisons, plus avides d'action et de liberté.

Si, comme l'Europe l'avoue, le Peuple Français est en ce moment le peuple le plus éclairé, le plus civilisé, le plus actif, le plus sensible, il n'en est point sur la surface de la terre en faveur duquel il soit plus pressant, plus nécessaire, de combiner avec sagesse les droits de la liberté avec les principes de l'ordre, afin qu'il souffre le moins possible de la richesse et de l'ardeur de ses hautes facultés.

Il est indubitable que la Monarchie représentative, telle que la Charte l'a constituée, fournit, au Peuple Français, cette sage combinaison de la liberté et de l'ordre, sans laquelle le mouvement social serait, ou sans activité, ou sans équilibre.

Et comme la Charte constitutionnelle devait être tracée pour les besoins d'une longue période sociale, car une Constitution ne saurait être fréquemment changée, ni même modifiée, sans de grands dangers, la Charte donnée au peuple français devait avoir un caractère de généralité ou de Théorie; en effet, dans toute œuvre etendue et compliquée, il n'est qu'une Théorie générale qui puisse avoir de la permanence, parce que, seule, elle peut embrasser, dans ses applications et ses convenances, un grand intervalle de temps.

Mais, à l'instant où une Constitution est donnée à un peuple, ce peuple est nécessairement agité; car, s'il était calme et satisfait, il ne la réclamerait pas : il se plairait dans sa situation politique.

Qu'est-ce qu'une agitation sociale? C'est un combat plus ou moins violent entre des opinions qui tendent à s'effacer, et des opinions qui tendent à s'établir. Les premières ont fondé des institutions qui, à leur tour, ont fondé des intérêts et des habitudes; les secondes veulent fonder des institutions qui, à leur tour, fonderont des habitudes et serviront des intérêts.

: Ainsi, regrets d'une part, espérances de l'autre, telles sont, pour ainsi-dire, les deux masses d'adversaires qui luttent l'une contre l'autre, à l'époque où un peuple réclame une Théorie sociale, une Déclaration de Principes, une Constitution.

Il est évident que cette Déclaration de principes doit être favorable surtout à l'Ordre qui se prépare, car elle doit former elle-même un monument qui s'établisse, par conséquent s'éloigner du monument qui se détruit.

Aussi, dès son apparition, une Déclaration de Principes, une Constitution, si elle est bonne et convenable, si elle est bien faite, reçoit à la fois deux témoignages de nature opposée; le peuple entier se partage, à son égard, en deux fractions;

l'une composée d'hommes qui l'approuvent avec chaleur, l'autre composée d'hommes qui l'improuvent avec amertume ; ceux-ci s'efforcent de prévenir son établissement ; ceux-là s'efforcent de la mettre en exercice.

Pendant un intervalle de temps plus ou moins long, ces deux fractions du peuple se font une guerre acharnée ; l'une résiste, à l'aide de l'antique possession et des longues habitudes ; l'autre s'avance et attaque, à l'aide des changemens et des droits que le temps a amenés ; et celle-ci n'est pas toujours victorieuse ; la raison en est qu'étant destinée à vaincre, sentant ses forces, et naturellement ardente, impétueuse, elle porte trop loin chacune de ses victoires ; ce qui, à la suite de chacune de ses victoires, la force à rétrograder.

Tant que dure cette opposition mutuelle, cette alternative de triomphes et de défaites, il est impossible que la Théorie constitutionnelle soit mise littéralement en pratique ; car, la première condition, pour

l'exercice littéral et absolu d'une Théorie
constitutionnelle, c'est que le peuple qu'elle
doit régir soit calme et à-peu-près homogène. Jusques-là, elle est au moins forcée
d'attendre que, d'une part, la résistance
de l'Ordre ancien languisse, soit réduite à
des regrets stériles, que, d'un autre côté,
les mouvemens de l'Ordre nouveau soient
réduits à une action modérée, soutenue,
sans précipitation, sans passion, sans exigeance.

A ce tableau général fondé sur la nature
du cœur humain, et sur la loi éternelle de
balancement et d'équilibre, vient s'unir un
mémorable exemple, fourni par l'histoire
des temps modernes. La Constitution Anglaise a été rédigée sous le roi Jean; et ce
n'est qu'en 1688, plusieurs siècles après,
qu'elle a pu être mise pleinement en exercice. Pendant ce long intervalle, le sol entier de l'Angleterre n'a été qu'un affreux
théâtre de guerres civiles et d'orages politiques. Ce n'est qu'en 1688, que par la chute,

sinon complète, au moins suffisante, de l'Ordre ancien, la masse générale du peuple anglais est devenue calme, à peu-près homogène, susceptible d'être régie à la fois par elle-même et par un Monarque, susceptible d'être représentée par des citoyens et non des factieux, susceptible, en un mot, d'une Constitution.

Dès le milieu du dernier siècle, une Constitution représentative a commencé à être vivement sollicitée, en France, par l'opinion publique; les idées philosophiques, fruit des lumières générales, répandaient, dans toutes les classes, le besoin de la liberté. Cette impulsion ayant pris, d'année en année, une énergie croissante, le Gouvernement a d'abord montré beaucoup d'habileté et de sagesse. M. Necker, appelé deux fois au Ministère, a deux fois essayé d'amener, à l'aide d'institutions préparatoires, le balancement des pouvoirs. Former de tout ce qui restait d'anciennes familles une fédération liée par le désin-

téressement et l'honneur, associer d'avance
à cet ordre fédéral et inamovible, tous les
hommes qui, dans une carrière quelconque, rendraient de grands services à l'E-
tat; interposer ce faisceau entre le Roi et
les représentans du peuple; prévenir ainsi
les froissemens mutuels de l'action populaire et de l'action souveraine, et, par cette
position au pivot de la balance, maintenir
l'équilibre social : telles étaient les vues
sages, philosophiques, nationales, de
M. Necker, et de son illustre appui, Monsieur, Comte de Provence.

Qui empêcha l'exécution de ce plan si
salutaire? Ce que nous avons dit tout-à-
l'heure sur les mouvemens généraux et
inévitables des sociétés humaines, annonce
qu'en rappelant des vérités démontrées par
la raison, et présentes à nos souvenirs, nous
ne songeons à accuser personne.

Malgré l'exemple du Prince auguste qui
aujourd'hui nous gouverne, et qui, alors,
était le plus rapproché du trône, la majorité de la noblesse fut égarée par une fausse

idée de l'honneur et de ses droits. La plupart des nobles crurent que consentir à faire partie, et même partie éminente, d'une représentation nationale , c'était descendre de leur rang héréditaire, c'était verser eux-mêmes leurs titres et leurs prérogatives dans la masse commune des opinions et des intérêts ; un sentiment d'orgueil, sentiment naturel, excusable, estimable même par son principe , mais malheureusement irréfléchi dans son emploi, les irrita contre une telle condescendance. Le point d'honneur les ayant ainsi jetés sur une direction funeste, ils s'excitèrent mutuellement à la parcourir. La raison et la modération leur devinrent impossibles, par cela même qu'ils y attachèrent une idée d'avilissement et de faiblesse. Leur résistance devint passion; cette passion provoqua l'effort populaire ; et cet effort d'une puissance essentiellement aveugle, impétueuse , tumultueuse , entraîna rapidement tous les désordres , tous les excès, tous les crimes, tous les malheurs.

Tel fut le début de la Révolution Française : c'est l'apparition d'une Charte constitutionnelle, c'est du moins le dessein
manifeste du Roi de France d'en présenter
une à ses sujets qui en fût l'aurore majes-
tueuse; c'est le besoin pressant du Gouvernement, dont Louis xvi était le chef,
et souvent la lumière, de calmer l'agitation du peuple, et de répondre à tous ses
vœux, qui dirigea les premières intentions.
C'est, en un mot, la raison et la magna-
nimité du plus excellent Prince qui impri-
mèrent les premiers mouvemens. Mais
malheureusement ses hautes vertus, man-
quant d'expérience, peut-être aussi d'une
volonté ferme, impérative, supérieure à
tous les obstacles, des plans si admirables
se trouvèrent réduits à une tentative digne
de toute notre estime, que suivirent des
horreurs dignes de toute notre indignation,
et des calamités dignes de tous nos regrets.

Il n'en est pas moins de toute certitude
que la naissance de la Charte constitutionnelle, proclamée en 1814 par Louis xviii,

(16)

est antérieure de vingt-six ans à cette proclamation solennelle. C'est en 1788, à l'assemblée des Notables, convoquée par le conseil de M. Necker, et où Monsieur, comte de Provence, reconnut hautement les droits du peuple, c'est à cette époque mémorable que furent posées les bases et tous les traits essentiels de la Constitution Française. Louis XVIII n'a fait que rédiger, dans sa retraite, ce que, en 1788, le comte de Provence avait déjà l'intention de proposer ou de soutenir.

Vingt-six ans se sont ainsi écoulés entre la naissance réelle de la Constitution Française, et sa promulgation définitive. Ces vingt-six ans d'exaltation sans mesure, et de secousses affreuses, peuvent-ils être considérés comme la représentation des trois siècles qui ont séparé la naissance de la Constitution Anglaise, sous le roi Jean, de l'époque où elle a pu être mise en action pleine et entière? Il semble que la violence de nos mouvemens, et l'excès de nos souffrances pendant ce court intervalle de vingt-six ans, compensent sa faible durée; et que toute l'histoire d'Angleterre, prise dans son ensemble, ne présente pas une somme d'agitation supérieure à celle qui s'est pressée si fortement, si cruellement, sur nous, depuis la convocation des Etats-généraux jusques à la chute de Napoléon.

Cependant cette comparaison, que l'imagination poursuit avec quelque complaisance, manque évidemment de justesse. En Angleterre, l'agitation de trois siècles préparatoires s'est trouvée consommée par la Révolution de 1688, puisque, par l'effet de cette Révolution, la résistance de l'ordre ancien a été définitivement vaincue. La situation de la France, en 1814, a été précisément d'une nature opposée; car les événemens terribles qui ont signalé l'hiver et le printemps de cette année ont entraîné l'oppression violente de l'Ordre nouveau, et la domination impérieuse de l'Ordre ancien. Le Prince, National et Philosophe, le premier appui de la Constitution repré-

2

sentative, le comte de Provence, nous a été rendu sous le titre auguste de Roi de France ; mais son retour s'est fait en concurrence avec celui d'un nombre considérable d'hommes qui, ayant souffert longtemps et vivement des excès de la Révolution, ont cru qu'il leur serait possible de la refouler, de la punir..., et qui en ont fait l'essai déplorable.

Le 20 mars a été le fruit de cette première tentative. La Révolution s'est de nouveau irritée ; l'Ordre ancien a reculé ; il a gémi, souffert, tremblé : l'Europe a volé une seconde fois à son secours ; et, une seconde fois, l'Ordre ancien a été conduit à l'erreur de croire que la Révolution pouvait être anéantie, et qu'à lui seul devaient rester la victoire et le pouvoir !

Telle a été, Monsieur, la situation politique de la France en 1815 ; et maintenant que je crois l'avoir définie avec clarté et vérité, il devient facile de discuter la question qui nous divise.

Depuis 1815 jusques à ce jour, les Ministres du Roi ont-ils suivi une marche
fausse ou habile, téméraire ou prudente,
tyrannique ou libérale? Qu'auriez-vous
fait à leur place, Monsieur? Sans armée,
sans trésor, sous le poids de l'occupation
étrangère, sous l'inondation de toutes les
calamités publiques, sous l'impulsion tyrannique d'hommes aveugles qui comman-
daient les punitions, exigeaient les ven-
geances, et qui, par la plus fatale réunion
de maux et de circonstances, par le plus
désolant effet de préventions acharnées,
formaient le seul appui sur lequel le trône
pût compter! Me persuaderai-je, Monsieur,
que vous, si pénétrant en politique, si profondément observateur, vous n'ayez pas
jugé que jamais, depuis l'existence des sociétés humaines, un Gouvernement animé
d'intentions salutaires ne s'est trouvé dans
une position si critique, si difficile, si
cruelle? Se sentir plein de sollicitude pour
tous les intérêts d'un peuple, qui, de son
côté, est navré d'humiliation, et livré aux

plus sombres défiances! être réduit à le contraindre de savoir souffrir pour l'empêcher de périr! et ne pouvoir puiser les moyens de réprimer son désespoir que dans les dispositions effrayantes des hommes même qui le causent! quels affreux devoirs! Quel courage n'a-t-il pas fallu pour pouvoir les remplir; et quelle habileté pour en atteindre le but! N'oubliez pas, Monsieur, vos épreuves personnelles. En 1815, la prudence la plus-excusable vous entraîna à sortir de France, à fuir la terreur qui glaçait tous les hommes dévoués aux institutions philosophiques, à aller chercher un asile sur une terre de liberté et de philosophie, à y rester long-temps; et je vous ai entendu exprimer avec candeur et noblesse votre reconnaissance pour le jeune homme, déjà célèbre, déjà revêtu de fonctions éminentes, aujourd'hui Ministre, qui détourna de votre tête la loi de bannissement et d'exil. Pensez-vous que, dans l'âme de votre libérateur, il y ait jamais eu des inclinations oppressives? Suivez sa conduite, Monsieur; examinez-la avec la profonde sagacité de votre esprit, et l'impartialité qui doit être si naturelle à votre âme généreuse : pourrez-vous répéter, de bonne foi, que ce Ministre et les hommes qui le soutiennent *voudraient le régime nouveau, mais seulement pour y trouver des moyens d'autorité propres à remplacer ceux que la Révolution a brisés ?*

Pour moi, je le dis hautement, parce que j'en tire le droit de ma conviction et de ma conscience, c'est au parti franchement satisfait de la marche du Gouvernement, et prêt à le défendre, que j'applique votre définition juste du parti national. Ce parti, à la tête duquel sont aujourd'hui le Roi et ses Ministres, *veut le nouveau régime, mais en tant que ce nouveau régime, qui a introduit parmi nous la liberté, la consolidera.*

Tels sont, je l'affirme, mes vœux personnels et mes principes; et cependant, je l'affirme encore, je suis profondément attaché à la cause du Ministère. D'où vient donc, Monsieur, le dissentiment qui nous sépare; car vous êtes, comme moi, National par vos principes et vos vœux?

Mais je fais la part des circonstances, et vous ne la faites pas, du moins avec une entière justice. Vous et les hommes qui partagent vos pensées, vous êtes pressés de jouir de toute la liberté constitutionnelle; et moi, qui veux ne plus être exposé à la perdre, je demande que l'on prépare et que l'on attende le temps opportun avant de me faire entièrement ce présent. En un mot, le parti national se divise, selon moi, en deux sections : l'une, composée d'hommes impatiens, l'autre, composée d'hommes prudens; l'une, qui voudrait que l'on brisât impétueusement les obstacles, ce qui en ranimerait trop souvent l'énergie; l'autre, qui dès le principe les a attaqués avec prudence, les a conduits à se détruire les uns par les autres, et aspire au triomphe paisible de les voir s'évanouir.

Vous êtes, Monsieur, l'un des chefs honorables de la section des impatiens ; je me suis enrôlé sous les bannières de la Prudence. Nous serons réunis un jour ; bientôt peut-être, mais non à l'heure même. Je ne vois point que la résistance de l'Ordre ancien soit entièrement vaincue, que par conséquent tous les mouvemens préparatoires soient achevés ; et je ne pense point qu'il faille chercher à précipiter directement cette chute de l'Ordre ancien ; parce qu'un effort direct contre son mouvement ne serait jamais qu'un secours donné à sa violence. Je m'explique.

Dans les sociétés humaines, comme dans toutes les parties de la nature, tout mouvement prononcé est devenu une Cause énergique, dont il faut nécessairement laisser se consommer les effets. Le rétablissement subit de l'Ordre ancien sur le territoire français, à la faveur des désastres de 1814, avait rendu à cet Ordre, pour un temps plus ou moins long, une domination réelle, une prépondérance. Or, toute domination doit s'effectuer, par cela même qu'elle s'est établie. Lorsqu'elle n'a point de titres permanens, lorsqu'elle n'est point, par elle-même, une source de forces, elle s'épuise promptement, à l'aide même de son exercice. Mais, je le répète, son exercice est nécessaire ; nulle puissance ne saurait l'empêcher ; celle qui y parviendrait aurait pu en prévenir la naissance : il serait absurde de dire qu'un torrent s'est formé, et qu'il ne doit pas s'écouler. Qui, pour l'arrêter, le réduira subitement en vapeurs ou en glace ?

Non, Monsieur ; aucun grand effet ne se produit avec brusquerie. Le temps est l'élément nécessaire de toute action nécessaire. Je ne dis pas qu'en présence d'un torrent dévastateur il faille rester immobile ; la prudence ordonne des précautions ; et, depuis long-temps, elles sont indiquées par l'expérience. Lorsqu'un fléau de ce genre menace nos campagnes, on prépare des digues ; mais on ne les pose point en face de son cours ; au contraire, on res-

serre son cours par des constructions latérales ; on prévient son extension sur les
plages voisines ; on ne lui permet d'être
violent et rapide que sur la ligne même
de sa pente ; en un mot, on le force, tant
que l'on peut, à ne ravager que son lit.

Appliquons l'image : et telle est l'unité
parfaite du plan de la nature que l'écrivain
qui emploie une image exacte, ne fait que
peindre une exacte réalité.

En 1815, et par l'effet d'événemens terribles, toutes les anciennes institutions,
toutes les anciennes idées, accumulées sur
elles-mêmes, et favorisées dans leur mouvement, ont projeté, sur le sol de la France,
une masse impétueuse, qui, au premier
instant, a tout entraîné sur son passage,
et la législation, et la police sociale, et
même le Gouvernement. A cette époque
cruelle, le devoir était de céder ; rien n'é-
tait plus inutile que la résistance directe ;
rien même n'aurait pu être plus impru-
dent.

Il a donc fallu, et des jugemens militaires, et des lois violentes, et des cours prévôtales. L'Ordre dominateur les exigeait, comme autrefois la Tyrannie révolutionnaire les avait commandées.

Mais, en cédant ainsi à une impulsion irrésistible, le Gouvernement a eu, peu à peu, la force et l'adresse de se jeter sur les deux côtés de la ligne fatale, et enfin de lui échapper.

Le 5 septembre, il a prouvé son indépendance. Le fléau de la contre-révolution allait déborder, et s'étendre sur la France entière. Un acte courageux a encaissé le torrent. Celui-ci a frémi contre les barrières latérales qui le pressaient, qui le resserraient : ne pouvant les renverser, il a tenté de les corroder et de les dissoudre. Vains efforts ; l'ingénieur n'a point quitté son poste, et tous les Français prévoyans ont offert leur zèle, et porté des matériaux. Chaque brèche a été promptement réparée ; les constructions préservatrices se sont étendues, affermies ; le torrent a été réduit à gronder, à menacer ; c'est ce qu'il

fait encore. Mais, ce qui était bien impor-
tant, bien nécessaire, son écoulement n'a
pas été arrêté.

Telle est, Monsieur, l'image historique
des trois années récentes. Votre esprit,
aussi étendu que juste, on reconnaîtra la
vérité ; et alors, l'explication de ce qui a
offensé votre patriotisme et votre philosophie vous paraîtra facile.

Et d'abord, la France a gémi sous les
lois tyranniques de 1815. Lois, comme
nous l'avons dit, impérieusement exigées
par une situation politique absolument
inverse de celle que la Révolution tendait
à amener, lois, par conséquent, de pros-
cription et de violence, qui devaient faire
le pendant de celles qui, vingt ans plutôt,
furent produites par les mouvemens outrés
de la révolution.

Jusques au 5 septembre, même impulsion vers l'anarchie, même régime d'enva-
hissement et de terreur, moins audacieux
cependant, et beaucoup moins sangui-

naire, parce que, d'une part, les hommes qui le dirigeaient étaient surtout imprévoyans et aveugles, mais presque tous sans inclinations cruelles; parce que d'un autre côté, en 1793, la faction populaire, par elle-même si formidable, si impétueuse, était libre de tout contrôle, de toute résistance, tandis que, en 1815, la faction anti-révolutionnaire était retenue, contrôlée, et comme enchevêtrée par le gouvernement même qu'elle entraînait.

On doit reconnaître que la Révolution, considérée en elle-même, et d'une manière générale, étant un mouvement invincible, nécessaire, chacun de ses triomphes devait être plus prononcé, plus tyrannique, plus cruel que celui, d'un genre opposé, auquel ses excès-même donnaient naissance. Pour être juste, pour donner des définitions exactes, il ne faut pas dire : l'Ordre ancien a été aussi impétueux, aussi désordonné, aussi effrayant dans sa marche que l'Ordre nouveau; mais, l'Ordre ancien, athlète jadis puissant, désormais accâblé par la vieillesse, a irrité, à diverses reprises, par des attaques téméraires, la fureur de l'Ordre nouveau, athlète jeune, plein de vigueur, et très-susceptible de colère.

C'est avec une telle modification dans les rapprochemens que nous dirons : Le 5 septembre a représenté le 9 thermidor. Sous la direction affreuse de Marat, et de Robespierre, le torrent révolutionnaire allait devenir une inondation universelle. Quelques hommes, long-temps associés aux projets les plus monstrueux, long-temps entraînés par l'horrible courant, se jetèrent hardiment sur les rives, et posèrent les premières bornes; et, chose remarquable, les posèrent latéralement; ils n'attaquèrent pas de front le mouvement révolutionnaire; le lendemain de cette journée mémorable, sa direction fut encore prononcée, effrayante même; cependant, sur les plages adjacentes commencèrent à renaître la sécurité et le repos.

Le 5 septembre, action semblable, mais

moins tranchante, moins hardie, moins difficile ; le Gouvernement combattit et resserra la contre-révolution ; mais il lui laissa prudemment une issue encore large et déterminée ; pour l'attaquer de front, il aurait fallu favoriser exclusivement le mouvement révolutionnaire , c'est-à-dire éloigner de toutes les fonctions publiques les partisans de l'Ordre ancien, leur arracher toute influence, la transporter toute entière sur les partisans de l'Ordre nouveau. C'est bien ce que celui-ci réclamait avec instance ; mais c'est ce qui était impossible ; par un tel excès, on n'aurait fait que donner, à l'Ordre ancien, les armes, la force, les droits du désespoir. Le sol entier de la France serait devenu une arène de carnage.

Et ce n'était pas seulement les hommes de la contre-révolution qu'il importait de ménager ; la même prudence devait s'étendre sur les lois que l'esprit de contre-révolution avait imposées ; quelque temps encore, il était nécessaire de maintenir ces lois; seulement, elles devaient passer des mains d'hommes passionnés, et nécessairement injustes, entre les mains impartiales du Gouvernement; alors, elles devenaient un instrument de répression également applicable à l'exigeance de l'Ordre nouveau et à la tyrannie de l'Ordre ancién.

C'est ainsi, Monsieur, que l'on doit expliquer et justifier les limites qui ont arrêté l'usage de la presse. Supposez que, dans l'état où se trouvaient les choses et les esprits, on l'eût rendue constitutionnellement libre, c'est-à-dire uniquement soumise, dans ses écarts, à l'application de bonnes lois : comme de bonnes lois ne procèdent jamais qu'avec des formes lentes et protectrices, comme il faut, de plus, dans un système quelconque de législation, composer une magistrature, et employer, pour cela, les hommes tels qu'on les trouve, tels qu'ils sont donnés par le temps et les circonstances, quels juges choisir à qui toute impulsion de parti fut étrangère? Et quels tribunaux établir qui

ne fussent point accablés sous un entasse-
ment de libelles, d'attaques passionnées,
de récriminations furieuses? A qui entendre, lors même que l'on eût réellement
voulu entendre avant de juger?

On ne gouverne les hommes que selon
leur esprit. Dans le Midi et dans la Vendée,
toute l'indulgence serait tombée sur les
contre-révolutionnaires, dans le Nord et
dans les provinces de l'Est, sur les révo-
lutionnaires impétueux et ardens. La liberté constitutionnelle de la presse n'aurait
enfanté que la guerre civile.

Ne nous abusons pas, Monsieur; tant
qu'une grande contrée est dans un état de
crise politique, tant qu'elle est agitée par
deux peuples entremêlés, c'est-à-dire par
deux armées d'intérêts et de passions en
lutte mutuelle, la composition de l'autorité judiciaire avec toutes ses dépendances
doit être laissée au Gouvernement; sans
cela, la Discorde même présidera à l'ad-
ministration de la justice; le même homme,
et pour le même acte, sera exalté dans une

région, puni dans une autre; que ferez-vous alors si vous n'avez ni les moyens ni la volonté de recourir à la force militaire? Et si vous l'employez, que deviendra la liberté? Attendez donc que, par l'effet du temps et de votre adresse, le peuple soit devenu moins discordant, moins hétérogène.

Mais j'oserai, Monsieur, aborder la question de la presse d'une manière plus générale; j'entrerai ainsi sur votre domaine spécial : partout ailleurs vous êtes au premier rang des écrivains politiques; là, vou êtes le premier.

Quelque loi que l'on fasse, pour constituer en faveur des citoyens le droit d'écrire, et, en faveur du Gouvernement, le droit de punir les auteurs d'écrits outrageans ou séditieux, il me semble que, dans l'exécution de cette loi, il restera toujours un grand écueil. Dans les temps d'agitation surtout, les délits seront non-seulement très-vagues, mais très-nombreux; et, dans les temps tranquilles même, tout bien que l'homme possède perd bientôt ses charmes par l'effet de la jouissance et de l'habitude, ce qui donne naissance au besoin d'abuser. Au bout d'un temps, d'autant plus court qu'il y a un plus grand nombre de concurrens, ce n'est qu'en dépassant les limites rigoureuses du droit, que les hommes d'un esprit ardent, que les jeunes gens surtout, parviennent à se faire remarquer, et à se satisfaire eux-mêmes.

Notre agitation politique n'étant point terminée, dès l'instant où la liberté de la presse sera pleine et entière, sauf la répression légale, on verra pleuvoir une grande quantité de brochures, pamphlets, articles de journaux, qui, les uns, provoqueront avec audace la répression légale, tandis que d'autres la rendront d'une application délicate ou difficile. Chaque jour fournira au Ministère public un ou plusieurs écrivains à mettre en prévention. Alors, comment se traiteront les procédures ? Si elles sont brusques et rapides, elles pourront souvent devenir injustes, arbitraires, et elles donneront naissance à de justes réclamations. Si elles sont conduites avec calme et prudence, le temps et les tribunaux manqueront à la multitude des causes; l'impunité d'un grand nombre d'écrivains répréhensibles deviendra inévitable; le Ministère public, contraint de faire un choix parmi ceux qu'il pourrait dénoncer, sera accusé de rigueur à l'égard des uns, de tolérance à l'égard des autres; et les écrivains poursuivis, condamnés, punis, citeront à leur tour, au tribunal de l'opinion publique, cette partialité de leur accusateur; et les nouveaux écrivains, qui voudront s'élancer dans la même carrière, prendront surtout leurs textes et leurs encouragemens dans les ouvrages de ceux de leurs devanciers que l'on aura laissés impunis.

Remédiera-t-on à cet inconvénient en frappant d'une peine très-forte l'écrivain que l'on aura choisi? Croira-t-on, par ce moyen, intimider les imitateurs? Mais cette sévérité n'en paraîtra que plus dure, plus injuste, comparée à la tolérance, qui laissera tacitement passer des écrits semblables à l'écrit condamné ; et même le Ministère public, ainsi que les tribunaux, se laisseront aller à un excès d'indulgence le lendemain du jour où ils auront fait un exemple de sévérité.

C'est ainsi que la loi tombera en désuétude : *Quod inultis peccatur, multum.* On ne punit point les fautes de la multitude : c'est une des informations de l'expérience. Cependant, comme l'impunité ne doit pas être consacrée par une loi, et comme une loi sur l'usage de la presse est absolument nécessaire, puisque le Peuple Français en réclame la liberté, il faut porter cette loi ; elle ne peut plus être reculée ; mais il faut se soumettre d'avance aux inconvéniens qui la suivront : il faut que l'opinion publique, et la loi elle-même, laissent, non-seulement aux juges, mais encore au Ministère d'accusation, un pouvoir discrétionnaire très-étendu, parce que la nécessité leur donnerait bientôt ce pouvoir, si on ne le leur accordait pas.

Dans tous les Gouvernemens d'une liberté plus ou moins avancée, tels que celui de l'Angleterre, on voit que la presse est beaucoup plus libre de fait que de droit, ce qui démontre ce que je viens d'établir : que la presse étant, de toutes les choses à l'usage de l'homme, celle qui lui fournit les moyens de délit les plus vagues et les plus nombreux, une loi sur la presse ne peut guère jamais être que *commina-toire*, c'est-à-dire, tenue en réserve entre les mains de l'autorité, pour l'appliquer *discrètement* aux cas extrêmes.

En France, avant la Révolution, et en Prusse sous le grand Frédéric, la presse était également libre de fait beaucoup plus que de droit : ce caractère particulier de la législation sur cette matière me paraît inévitable.

Et si cela est vrai dans les temps de calme, dans les temps ordinaires, à plus forte raison ne doit-on pas demander à la législation de la presse, dans les temps de crise, une précision rigoureuse; car c'est alors que, d'une part, on voit se multiplier à un degré excessif le nombre des agresseurs de l'autorité; tandis que, d'un autre côté, l'agitation des choses, source réelle de l'agitation des esprits, tient plus que jamais les principes généraux dans le vague et l'incertitude. Sur les sujets les plus importans, tout est matière à discussion; les maximes essentielles, celles même qui, dans un avenir prochain, serviront de fondement à la société, cherchent encore à s'asseoir, sont encore, pour ainsi dire, sous le travail de l'opinion publique. Comment alors l'autorité n'aurait-elle pas, dans l'emploi de son action et l'application de sa force, un grand nombre de poids et de mesures?

Et, de nos jours, l'art d'écrire étant devenu commun, cet art fournissant aux hommes qui le possèdent les moyens de revêtir de formes ambiguës des intentions hostiles, que peut faire l'autorité répres-

sive, si ce n'est de poursuivre principale-
ment les intentions? Et sous le poids de
conditions si obscures, si difficiles, comment les magistrats pourraient-ils toujours
éviter les apparences de l'arbitraire, ou
même les torts de l'injustice?

Vous le voyez, Monsieur, je ne fais
qu'expliquer la position dans laquelle se
sont trouvés, depuis 1815, les tribunaux
chargés d'arrêter les désordres de la presse.
Je ne songe à accuser ni à justifier les jugemens qu'ils ont rendus; je réponds seulement aux plaintes que vous avez si souvent et si éloquemment exprimées. Je pense,
je démontre même, ce me semble, que
l'impartialité la plus calme, la plus atten-
tive, ne pouvait prendre cependant que
les caractères du tâtonnement, et montrer
quelquefois trop de sévérité, quelquefois
trop d'indulgence.

Qu'il me soit permis, à ce sujet, de re-
tracer un rapprochement dont j'ai été

l'occasion ; il me fournira les moyens de me faire mieux entendre.

L'année dernière, vers le mois de janvier, je publiai une réponse à l'ouvrage de M. de Châteaubriand qui avait pour titre : *Du Système politique suivi par le Ministère.* Je mis dans cette réponse ce qui, j'ose l'affirmer, se montrera toujours dans mes écrits, l'expression franche d'une conviction parfaite ; et comme, dans ma conviction parfaite, la marche du Ministère, depuis le 5 septembre, était pleine de sagesse, je me sentais le droit de dire, sans hardiesse, ou même sans imprudence, tout ce qui, dans le jugement des événemens et des circonstances, pouvait caractériser mon exacte impartialité. Plusieurs traits de cet écrit parurent courageux, audacieux même ; cependant, lorsque je les avais tracés, j'avais été loin de sentir qu'il me fallût du courage ; j'étais certain que, par l'ensemble de mon ouvrage, mon attachement à la cause du Gouvernement étant de toute évidence, je pouvais, en toute sûreté, prendre tous les droits de la sincérité, et manifester ainsi mon indépendance.

Et, en effet, non-seulement mon ouvrage ne fut point déféré aux tribunaux, mais les Ministres s'en montrèrent satisfaits.

Peu de temps après, dans l'ouvrage semi-périodique d'un jeune écrivain, quelques traits parurent répréhensibles; l'auteur fut accusé, condamné : il s'était cependant appuyé sur plusieurs pages de ma brochure; il les avait citées dans la sienne; et c'est ce qu'un avocat distingué, M. Mérilhou, représenta vivement devant la cour d'appel. La condamnation fut maintenue; il paraît même qu'au tribunal de première instance on avait écarté, comme vaine et étrangère, l'excuse fournie à l'auteur par mon écrit.

Je me hâte de dire, Monsieur, que je suis bien loin d'accuser moi-même le jeune auteur qui fut condamné. Je suis très-porté à croire qu'il est aussi bon citoyen, aussi bon Français que moi-même; je pense seulement, comme une chose vraisemblable, car je n'ai point lu son écrit, je pense que, trop jeune encore pour avoir assez réfléchi, il était, par le fonds de ses dispositions, et par l'ensemble de son ouvrage, injuste envers le Gouvernement, dont il ignorait la position et les intentions.

Et c'est le seul reproche que je me permette de faire aux écrivains, réellement libéraux, et franchement constitutionnels, qui croient encore devoir le combattre. Vous, Monsieur, par exemple, vous qui êtes opposé, non au Gouvernement, pas même aux Ministres, mais à ce que vous apercevez de la marche du Ministère, je pense que vous vous trompez, et cela surtout, comme je l'ai dit, par impatience d'arriver au terme où la Révolution nous conduit. Cette impatience généreuse vous fait dévorer les résistances du temps, et les difficultés des circonstances; mais les Ministres, qui connaissent avec détail ces difficultés, qui éprouvent chaque jour ces résistances, sont réduits à bien des ménagemens, à une sage lenteur.

Si j'ose, Monsieur, vous les présenter ainsi, et prendre d'office, en quelque sorte, la fonction de leur apologiste, c'est parce que vous m'avez déjà honoré du titre de *leur interprète;* et, en me désignant ainsi, vous ne saviez pas combien vous exprimiez, en leur faveur, d'adhésion et de confiance! Si je suis leur interprète, c'est sans autres instructions que celles de mes pensées, sans autre mission que celle de mes devoirs intérieurs. Je n'ai jamais l'avantage de voir les Ministres, pas même les hommes immédiatement revêtus de leur confiance. A l'instant où je vais prendre la plume, je ne consulte personne sur les sujets que je dois traiter, sur la direction que je dois suivre, sur le terme auquel je dois m'arrêter : ces sujets, cette direction, je les puise uniquement en moi-même; je considère la situation des esprits et des choses; je mesure le degré de cette situation sur cette marche générale, imprimée à tous les mouvemens de la nature, et dont je crois tenir les principes depuis assez long-temps. J'examine avec impartialité quels sont les hommes qui restent en arrière de cette marche générale, quels sont ceux qui la devancent avec trop de hardiesse, et enfin, quels sont ceux qui la suivent avec prudence, et qui, soit par inclination et caractère, soit par réflexion et prévoyance, y conforment leurs vœux et leurs déterminations. C'est ainsi que laissant à part, d'un côté et de l'autre, les hommes extrêmes, je divise les Français, je ne dis pas en trois partis, encore moins en trois factions, mais en trois classes, unies ensemble par un grand nombre de nuances intermédiaires. De ces trois classes, il en est une qui, évidemment, forme le centre des deux autres, et qui, encore froissée par leurs mouvemens, par leur mésintelligence, n'en est pas moins destinée à les ramener vers le point qu'elle occupe, et à les rassembler en faisceau.

Il est démontré, à mes yeux, que, depuis le 5 septembre, le Gouvernement s'est placé à cette position centrale et salutaire, avec la connaissance parfaite des devoirs qu'il y contractait, et la ferme résolution de les remplir.

Autorisé par une telle persuasion, et ayant, en moi-même, le droit de me sentir placé, par mes sentimens et mes pensées, sur une ligne semblable, je n'ai plus hésité à exprimer, avec franchise, mes pensées et mes sentimens. C'est ainsi que, par une concordance, bien plus honorable qu'une commission directe, je suis devenu l'un des organes du Ministère.

Vous avez, Monsieur, une grande influence sur l'opinion publique; si elle ratifie le titre que vous m'avez donné, elle sera entraînée par votre suffrage à se confier sans détour au Gouvernement; car l'écrivain, que vous nommez son *interprète*, démontre, ce me semble, par le ton et le fond de ses ouvrages, que, non-seulement il poursuit de tous ses vœux la liberté mo-

narchique et constitutionnelle, mais qu'il demande aussi, et avec instance, que justice soit rendue aux événemens et aux hommes, parce que, sans justice envers les événemens, il n'y a point de raison publique, et, sans justice envers les hommes, il n'y a point de liberté.

Monsieur, unissons-nous, et achevez votre ouvrage : Vous avez affaibli les préventions populaires dont le Gouvernement était l'objet, en me signalant comme dévoué à sa cause, après m'avoir présenté, aux hommes si nombreux qui vous écoutent, comme digne de leur estime. Ce procédé qui excite vivement ma reconnaissance personnelle, montre combien votre âme, si éclairée, est capable de modération, d'impartialité, de générosité, Ne vous arrêtez pas, Monsieur; étudiez avec attention, l'esprit réel du gouvernement, et ses dispositions générales; et si, comme je ne puis en douter, vous êtes satisfait, donnez l'exemple d'une adhésion noble et indépendante. Il ne s'agit point de discuter, entre vous et les Ministres, des différences d'opinions, car je suis fermement convaincu qu'il n'y en a pas, du moins sur les choses majeures et fondamentales. Il s'agit seulement de reconnaître que vous et les Ministres, vous marchez au même but, mais avec des vitesses inégales. Dès l'instant où la vérité aura obtenu de vous cet aveu, que d'inquiétudes seront apaisées, que de difficultés seront aplanies! Sans doute, le Ministère sera obligé, quelquefois encore, de retenir vos ardens sectateurs; plus souvent encore, vous et vos ardens sectateurs, vous donnerez de la force, du mouvement, du succès, aux projets du Ministère; les libéraux ne se défendront plus, par votre organe, de former l'auxiliaire principal du Gouvernement ; oui, Monsieur, l'auxiliaire principal et très-formidable. D'après toutes les explications que je viens de vous donner, ce titre ne peut plus avoir rien qui offense votre fierté patriotique; c'est vous qui, par vos écrits si abondans, si populaires, toujours si pleins de clarté et de principe, toujours répandus sans efforts, sans artifice, avec une profusion incomparable, c'est vous, Monsieur, qui avez, plus que personne, aidé le gouvernement à affermir les barrières latérales sur les rives du fleuve contre-révolutionnaire. Pendant que le Ministère travaillait à ces constructions si nécessaires, si difficiles, vous avez repoussé avec énergie les hommes qui voulaient déranger et détruire ses travaux. La Minerve vous a fortement secondé; seulement quelques-uns de vos collaborateurs ont eu, de temps à autre, trop d'impétuosité, ou, si l'on veut, trop de cette indiscipline qui atteste moins de prévoyance que d'ardeur et de courage. Ils ont cherché à se placer en face même du torrent : position, comme nous l'avons dit, téméraire, fatale; ils ont murmuré, ils se sont irrités de ce que le Gouvernement ne les y laissait pas.

J'ose le répéter, Monsieur; j'ose même vous presser; pardonnez, à mon zèle pour le salut de la patrie, et mes instances et

mes hommages. C'est à vous surtout qu'ap-
partient le glorieux avantage d'éclairer le
peuple français sur la marche prudente du
Gouvernement, et de dissiper ainsi toutes
les défiances. Pour cela, il vous suffit d'o-
béir à votre inclination pour la justice;
vous venez de montrer combien cette inclination vous est naturelle. « Il serait in-
» juste, avez-vous dit, de ne pas reconnaî-
» tre, dans le discours de M. Colomb, (à la
» Cour d'Appel.) une amélioration incon-
» testable des doctrines du ministère pu-
» blic..... L'ensemble de ce discours doit
» concilier à son auteur l'estime et l'ap-
» probation de tous les amis de la plus né-
» cessaire de nos libertés. Comme la vérité
» est utile, *même quand elle netriomphe*
» *pas immédiatement,* M. Colomb s'est
» acquis des titres à notre reconnaissance;
» et nous voyons, dans sa nomination et
» sa conduite, *l'aurore d'un changement*
» *salutaire*, et d'un retour à des princi-
» pes que la raison peut avouer. »

Cette aurore, Monsieur, sera suivie d'un jour éclatant, et, pour être juste, il faut reconnaître que c'est depuis le 5 septembre que le jour de la liberté constitutionnelle s'est définitivement levé sur le sol de la France; mais il ne pouvait s'accroître qu'avec lenteur et gradation; il en faut une dans l'établissement de tout bien destiné à être durable; c'est en ce moment que le jour de la liberté fait des progrès sensibles et rapides. Encore un peu de temps, Monsieur, et vous verrez toutes les fonctions publiques confiées à des hommes pénétrés de l'esprit constitutionnel et monarchique, de l'esprit national, soit que le Gouvernement appelle des citoyens éprouvés, en remplacement des hommes que la raison n'aura pu convertir, soit que la liberté, la raison, l'évidence étendent partout leurs conquêtes, et obtiennent enfin l'adhésion sincère des hommes qui leur résistèrent le plus fortement.

Ah! il me semble que nous sommes

presque tous bien près de nous entendre. Que veut l'immense majorité du peuple français? La paix et la liberté; et c'est ce que veut le Gouvernement; c'est ce que veut l'Europe entière. Comment ne s'élèverait pas en France, et bientôt ne s'affermirait pas, une Constitution sociale, dont le plan, indiqué par la Philosophie, rédigé par le Souverain, est si cher au Peuple Français, si agréable aux peuples qui l'environnent? Ce qui se montre aujourd'hui en Europe ne s'était pas encore montré sur la terre. Des Peuples et des Rois unis et solidaires en faveur de la raison, de l'ordre et de la liberté! Qui pourrait, à un tel spectacle, ne pas former les plus douces espérances? Qui pourrait s'alarmer encore des derniers efforts de l'Ordre ancien? Ils ont, d'une manière si marquée, les caractères de l'épuisement et de la faiblesse! La révolution et la philosophie sont si manifestement victorieuses! elles peuvent si bien montrer déjà ce calme généreux de la force satisfaite! Elles peuvent si bien, en s'abstenant de tous mépris, de toute arrogance à l'égard des institutions vieillies, ménager honneur et repos aux hommes qui, de bonne foi, ont cru devoir les défendre! Pour moi, je le dis avec une satisfaction profonde, je crois toucher au terme des discordes civiles, et des calamités politiques; je livre mon âme aux réflexions heureuses; je me sens plein de sécurité, du moins pour un certain nombre d'années, pour toutes celles peut-être que j'ai encore à passer sur la terre. Le Gouvernement Français s'est rendu inébranlable; car il a pris pour bases immédiates toutes les pensées nationales, et pour appui secondaire un accord intime avec tous les Gouvernemens Européens. Dans une situation si belle, vaciller même est impossible. Qui pourrait causer le plus léger ébranlement à un édifice très-fort par lui-même, et soutenu, défendu par d'autres édifices stables et forts?

Que devant une harmonie si imposante toute agitation s'apaise. Que chacun porte, au concert de la Royauté et de la Liberté, sa voix et son cœur. Que la raison nous calme; que l'espoir nous console; que le passé, dans sa fuite, se charge de nos haines et de nos regrets.

(*Ma cinquième lettre sera adressée à M. le vicomte de Châteaubriand. Cet Écrivain a placé, dans la dixième livraison du Conservateur, deux morceaux brillans de style, selon son usage, mais qui manquent, à un degré extraordinaire, de réflexion, de justice, et de modération.*)